Uma nova fonte de renda
em 24h.

Copyright

A educação formal vai fazer você ganhar a vida. A autoeducação vai fazer você alcançar uma fortuna." – Jim Rohn

"Investir em conhecimento sempre rende os melhores juros." – Benjamin Franklin

"A falta de dinheiro é a raiz de todos os males." – Mark Twain

"Depois que você tem uma base sólida de conhecimento, fica muito mais fácil aprender a investir e lidar com dinheiro." – Rafael Seabra

"O dinheiro é um mestre terrível, mas um excelente servo." – P. T. Barnum

Este livro foi cuidadosamente criado para ajudá-lo(a) a descobrir e implementar uma nova fonte de renda em um prazo surpreendente: apenas 24 horas.

Sim, você leu corretamente!

No mundo em que vivemos, o tempo é um recurso valioso e a necessidade de diversificar nossas fontes de renda é cada vez mais evidente, buscamos soluções rápidas e práticas para melhorar nossa situação financeira.

É nesse contexto que nasce o conceito de *"uma nova fonte de renda em 24 horas."*

Este livro tem como objetivo fornecer a você um guia abrangente e acionável, repleto de técnicas testadas e comprovadas, que o ajudarão a identificar oportunidades e a implementar uma nova fonte de renda em um prazo tão curto.

A proposta aqui é ir além da teoria e oferecer um plano de ação prático, para que você possa começar a gerar resultados imediatamente.

Desde a concepção da ideia até a conquista dos primeiros clientes, tudo será abordado de forma direta, clara e de fácil aplicação.

Este material é um convite para que você mergulhe em uma transformação financeira, colocando em prática as etapas necessárias para alcançar uma nova realidade em apenas 24 horas.

Uma breve introdução

Você já se viu em uma situação em que uma única fonte de renda <u>não é suficiente para atender às suas necessidades e desejos?</u>

Talvez você esteja cansado de viver com um orçamento apertado, de depender exclusivamente de um emprego que não lhe proporciona a liberdade financeira que tanto almeja.

Se você está em busca de uma mudança radical em sua vida, este material é o mais valioso que você pode aprender.

Neste momento, você está prestes a descobrir o segredo de criar uma nova fonte de renda em apenas 24 horas. Sim, você leu corretamente. Não se trata de uma promessa vazia ou de uma fórmula mágica. Estamos falando de um método prático e eficaz que pode transformar sua situação financeira de maneira significativa.

Entenda que ter uma única fonte de renda é como caminhar em uma corda bamba sem uma rede de segurança. A qualquer momento, você pode se desequilibrar e se ver em uma situação difícil. Por isso, é crucial diversificar seus fluxos de renda e garantir uma estabilidade financeira sólida.

Mas por que é tão importante ter uma nova fonte de renda? A resposta é simples: segurança, liberdade e oportunidades. Ao criar uma nova fonte de renda, você se torna menos dependente de um único emprego ou negócio. Isso significa que, mesmo que algo inesperado aconteça, como uma demissão ou uma crise econômica, você terá outras fontes de renda para se apoiar.

Ao longo deste ebook, você será guiado passo a passo, módulo por módulo, rumo à construção de uma nova fonte de renda sólida e lucrativa. Prepare-se para descobrir estratégias inovadoras, dicas práticas e insights valiosos que irão revolucionar sua visão sobre a geração de renda.

Os Vários Cestos com Ovos de Ouro

Ter mais de uma fonte de renda é um conceito poderoso que envolve diversificar suas fontes de ganho financeiro, ao invés de depender exclusivamente de uma única fonte.

Imagine-se como um agricultor sábio que entende a importância de distribuir suas sementes em vários campos.

Cada campo representa uma oportunidade de colheita, uma fonte potencial de receita.

Assim como um fazendeiro não coloca todos os seus ovos em um único cesto, é fundamental espalhar suas fontes de renda para reduzir o risco e aumentar a estabilidade financeira. Cada fonte de renda representa um cesto e cada cesto contém ovos de ouro, simbolizando as oportunidades e ganhos que podem ser conquistados.

Quando dependemos apenas de uma única fonte de renda, estamos colocando todo o nosso sustento financeiro em risco. Se algo acontecer com essa fonte, como a perda do emprego ou uma queda nos lucros de um negócio, nossas finanças podem ser severamente afetadas. No entanto, ao diversificar e ter múltiplas fontes de renda, criamos uma rede de segurança que nos protege contra imprevistos.

Isso te oferece várias vantagens. Primeiro, permite-nos explorar diferentes áreas de interesse, talentos e habilidades, potencialmente gerando mais satisfação e realização pessoal. Além disso, pode aumentar o seu potencial de ganhos e proporcionar maior estabilidade financeira, já que as receitas de diferentes fontes tendem a compensar eventuais flutuações.

Pense nas diferentes formas de renda que podem ser desenvolvidas: renda proveniente de um emprego, renda passiva de investimentos, receitas de um negócio próprio, aluguéis de imóveis, renda de atividades freelancer, entre outras.

Cada uma dessas fontes contribui de maneira única para nossa jornada financeira, trazendo diferentes benefícios e oportunidades.

Assim como os campos de um agricultor são cuidadosamente cultivados e mantidos, devemos dedicar tempo e esforço para nutrir e expandir nossas diferentes fontes de renda. Isso pode envolver o desenvolvimento de novas habilidades, a busca por oportunidades de investimento, o aprimoramento de estratégias de marketing para um negócio próprio ou a construção de uma rede profissional diversificada.

No entanto, é importante lembrar que ter múltiplas fontes de renda requer equilíbrio e gerenciamento eficaz do tempo. É essencial encontrar um ritmo que permita dedicar energia suficiente a cada uma das fontes, sem comprometer a qualidade ou a eficiência.

Considere essa metáfora dos vários cestos com ovos de ouro. Cultive seus campos com sabedoria, distribua suas sementes em diferentes áreas, explore diversas oportunidades e veja sua colheita financeira se expandir. Ao ter múltiplas fontes de renda, você está construindo para seu futuro financeiro, fortalecendo sua segurança e criando um caminho de rentabilidade.

Escolha cultivar diversos cestos com ovos de ouro, e deixe que a multiplicação financeira seja o catalisador para uma vida de abundância.

Desenvolvendo uma Mente
que terceiriza e automatiza

Para alcançar o sucesso financeiro e construir múltiplas fontes de renda, é crucial desenvolver uma mentalidade criativa e empreendedora.

Uma mente que constantemente busca oportunidades, soluções inovadoras e maneiras de expandir seus horizontes financeiros.

Um dos primeiros passos para desenvolver essa mentalidade é se desprender da ideia de que você precisa ser a pessoa a fazer todas as coisas.

É natural querer ter controle sobre cada aspecto de um empreendimento, mas limitar-se a essa mentalidade pode restringir seu potencial de crescimento.

Em vez disso, comece a pensar em como você pode criar sistemas, encontrar pessoas ou utilizar ferramentas que possam fazer o trabalho por você.

A mentalidade de delegação e automação é fundamental para liberar seu tempo e energia, permitindo que você se concentre em tarefas estratégicas e na busca por novas oportunidades.

Pergunte-se:

"Quem pode fazer isso por mim?"

ou

"Que ferramenta ou tecnologia pode me ajudar a automatizar esse processo?".

Essas perguntas o impulsionarão a buscar soluções externas e a pensar além das suas próprias habilidades e capacidades.

Agora, você é um empreendedor, um criador de oportunidades. Sua função não é executar todas as tarefas, mas sim identificar as necessidades do mercado, desenvolver soluções e construir um ecossistema financeiro diversificado.

Ao se desprender da ideia de que tudo precisa ser feito por você, você se liberta para pensar em escala, em alavancar seus recursos e em encontrar maneiras de maximizar seu potencial de ganhos.

Isso pode significar contratar colaboradores, terceirizar tarefas, investir em tecnologia ou estabelecer parcerias estratégicas.

A inovação é um elemento-chave na criação de novas fontes de renda. Fique sempre atento às tendências do mercado, às necessidades emergentes e às mudanças no comportamento do consumidor. Essas informações podem inspirar ideias de negócios e abrir portas para novas oportunidades de renda.

Uma mente que cria novas fontes de renda está disposta a sair da zona de conforto, a experimentar e a correr riscos calculados. Ela está aberta para aprender com os erros, ajustar estratégias e persistir diante de desafios.

Portanto, desafie-se a pensar além das suas próprias capacidades e habilidades. Libere-se da ideia de que tudo precisa ser feito por você e comece a explorar soluções alternativas.

Abra sua mente, pense em grande escala!

A era dos infoprodutos

O conhecimento se tornou um ativo valioso.

Se você tem habilidades, expertise ou experiência em determinada área, a venda de infoprodutos pode ser uma forma altamente lucrativa de compartilhar seu conhecimento e transformá-lo em uma fonte de renda sustentável.

Mas afinal, o que são infoprodutos?

São produtos digitais que entregam conhecimento e informação de forma estruturada e acessível.

Eles podem incluir e-books, cursos online, webinars, podcasts, vídeos e muitos outros formatos. A grande vantagem é que eles podem ser criados uma vez e vendidos para um número ilimitado de pessoas, o que significa que o potencial de lucro é escalável e crescente.

Vendendo infoprodutos, você está aproveitando a demanda crescente por informações e aprendizado online. As pessoas estão cada vez mais interessadas em adquirir conhecimento e habilidades específicas para melhorar suas vidas pessoais e profissionais. É aí que entra a sua expertise e a oportunidade de oferecer soluções através dos seus infoprodutos.

Uma das grandes vantagens de vender infoprodutos é a flexibilidade. Você pode escolher um nicho específico em que tenha conhecimento profundo e paixão, e criar um produto que atenda às necessidades desse público-alvo. Isso permite que você trabalhe com aquilo que realmente gosta e tenha expertise, aumentando suas chances de sucesso.

A grande sacada desse mercado, é que a venda de infoprodutos oferece a possibilidade de alcançar um público global.

Com a internet, você não está limitado(a) a vender apenas para pessoas em sua localidade. Seu produto pode ser acessado por pessoas de qualquer lugar do mundo, ampliando significativamente seu potencial de ganhos.

Para ter sucesso na venda de infoprodutos, é importante adotar uma abordagem estratégica. Isso inclui identificar seu público-alvo, entender suas necessidades e criar um produto de alta qualidade que entregue valor real. Você também precisará de estratégias eficientes de marketing digital para promover seus infoprodutos, alcançar seu público-alvo e convertê-los em clientes.

Crie uma vez e receba por anos

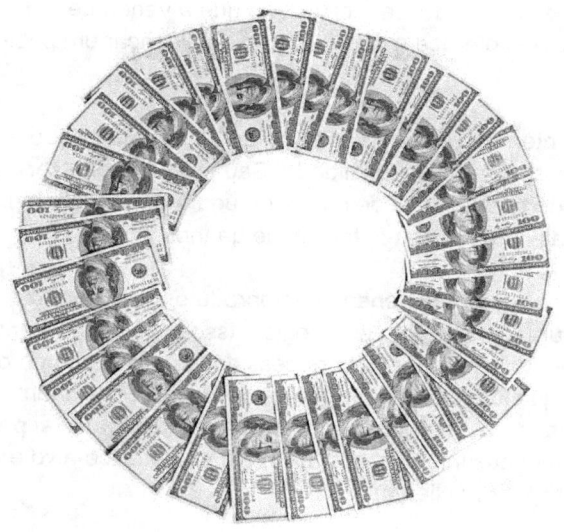

Um dos grandes benefícios de criar um infoproduto é a capacidade de gerar ganhos por um longo período de tempo, possivelmente por anos.

Ao contrário de outros tipos de negócios ou fontes de renda, em que é necessário um trabalho constante e contínuo para manter o fluxo de receita, um infoproduto bem estruturado e planejado permite que você colha os frutos do seu trabalho por um período prolongado, com um esforço inicial significativo.

Ao criar um infoproduto, você está compartilhando seu conhecimento, expertise e experiência em um formato que pode ser facilmente consumido e acessado pelo seu público-alvo.

Uma vez que você tenha concluído a criação do infoproduto, seja um ebook, um curso online, um podcast ou qualquer outra forma, você estará disponibilizando-o para venda ou acesso.

A partir desse momento, seu infoproduto se torna um ativo que pode gerar renda de forma recorrente.

Os clientes interessados no seu conteúdo poderão adquiri-lo ou se inscrever para acessá-lo, e você receberá os pagamentos correspondentes.

Essa receita pode ser considerada como ganhos passivos, uma vez que você não precisa realizar esforços adicionais para cada venda ou acesso.

A razão pela qual você pode obter ganhos por um longo período de tempo com um infoproduto está na sua natureza digital e na possibilidade de automação.

Uma vez que o infoproduto tenha sido criado e disponibilizado, é possível configurar sistemas automatizados para a venda, entrega e acesso ao conteúdo.

Isso significa que você não precisa estar fisicamente presente para que as vendas ocorram, e o infoproduto pode ser entregue automaticamente aos clientes.

Além disso, um infoproduto bem elaborado pode ser atemporal. Isso significa que seu conteúdo continua relevante e valioso ao longo do tempo, independentemente das mudanças que possam ocorrer no mercado.

É claro que, em alguns casos, será necessário realizar atualizações ou adições ao infoproduto para mantê-lo atualizado, mas, em geral, o trabalho inicial de criação e estruturação continuará gerando resultados positivos por muito tempo.

A longevidade dos ganhos provenientes de um infoproduto está diretamente relacionada à qualidade do conteúdo, ao seu apelo para o público-alvo e à sua capacidade de resolver problemas ou satisfazer necessidades específicas.

Quanto mais valioso e relevante for o seu infoproduto, maior será a probabilidade de que as pessoas continuem interessadas nele e estejam dispostas a investir para adquiri-lo.

Portanto, ao criar um infoproduto de qualidade, você estará construindo um ativo duradouro que pode gerar ganhos por um período prolongado, possivelmente por anos.

Isso proporciona uma oportunidade de construir uma fonte de renda estável e consistente, enquanto você concentra seus esforços em novos projetos ou na expansão do seu negócio. Aproveite a vantagem de criar um infoproduto uma única vez e desfrute dos benefícios financeiros contínuos que ele pode proporcionar ao longo do tempo.

As 2 principais maneiras de vender infoprodutos

Existem duas principais maneiras de vender infoprodutos e você pode escolher aquela que melhor se adapte ao seu perfil e objetivos.

A primeira opção é vender o seu próprio conhecimento, compartilhando sua expertise e experiência em uma área específica. A segunda opção é vender o conhecimento de outras pessoas, atuando como um afiliado ou revendedor de infoprodutos.

Se você optar por vender o seu próprio conhecimento, está reconhecendo o valor e a experiência que possui em um determinado assunto.

Você pode criar cursos, e-books, tutoriais em vídeo ou outros formatos de infoprodutos para ensinar e ajudar outras pessoas a adquirirem habilidades e conhecimentos valiosos.

Essa abordagem permite que você compartilhe sua paixão, experiências e perspectivas únicas, criando um produto autêntico e personalizado.

Já se preferir vender o conhecimento de outras pessoas, você se torna um intermediário, aproveitando a expertise de outros especialistas para oferecer produtos de alta qualidade ao seu público. Como afiliado ou revendedor, você promove e comercializa os infoprodutos de terceiros, recebendo comissões por cada venda realizada. Essa abordagem permite que você aproveite a credibilidade e o conhecimento de outras pessoas, sem precisar criar seus próprios produtos.

Ambas as opções têm suas vantagens. Ao vender o seu próprio conhecimento, você tem a oportunidade de construir sua marca pessoal, estabelecer autoridade em sua área de atuação e ter controle total sobre o conteúdo que oferece. Por outro lado, ao vender o conhecimento de outras pessoas, você pode se beneficiar de parcerias estratégicas, ter acesso a produtos já validados pelo mercado e economizar tempo e esforço no processo de criação.

É importante destacar que todos nós somos seres treináveis e temos a capacidade de adquirir novos conhecimentos e habilidades.

Se você escolher a opção de vender o conhecimento de outras pessoas, poderá se dedicar a aprender sobre o produto e sua proposta de valor para poder transmitir com confiança e entusiasmo aos potenciais compradores.

Dessa forma, você se torna um facilitador, conectando pessoas em busca de conhecimento com as soluções que atendem às suas necessidades.

Independentemente da opção que você escolher, lembre-se de que a qualidade e a entrega de valor são essenciais para o sucesso na venda de infoprodutos.

Concentre-se em oferecer conteúdo relevante, bem estruturado e de alta qualidade, que agregue valor real à vida das pessoas.

Mantenha-se atualizado(a) em sua área de atuação, busque constantemente aprender e aprimorar suas habilidades para fornecer o melhor serviço possível.

Lembre-se também de que a venda de infoprodutos é uma jornada contínua de aprendizado e evolução.

Esteja aberto(a) a experimentar, testar diferentes estratégias de marketing, ouvir feedback dos clientes e ajustar sua abordagem conforme necessário.

Com dedicação, perseverança e foco no fornecimento de valor, você poderá aproveitar o potencial ilimitado que a venda de infoprodutos oferece como uma fonte de renda sustentável e gratificante.

O Mercado Infoprodutor: Uma Oportunidade Infinita para Empreender

Você já parou para pensar no motivo pelo qual vender infoprodutos é uma das melhores opções para iniciar um negócio?

A resposta é simples: o mercado de conhecimento e aprendizado nunca vai acabar.

É um setor em constante crescimento e com uma demanda sempre presente.

Uma das vantagens de entrar nesse mercado é a baixa barreira de entrada. Diferente de outros negócios que exigem investimentos significativos em infraestrutura, estoque ou produção física, os infoprodutos podem ser criados e comercializados com custos mínimos.

Tudo o que você precisa é do seu conhecimento, um computador e acesso à internet.

Outro fator que torna o mercado de infoprodutos tão atrativo é o fato de que todos nós buscamos aprender, desde o início de nossas vidas até o fim dela.

A sede de conhecimento é uma característica intrínseca da natureza humana. As pessoas estão sempre em busca de soluções, desenvolvimento pessoal, aquisição de habilidades e superação de desafios. E é exatamente isso que os infoprodutos oferecem: uma oportunidade de satisfazer essa demanda e ajudar outras pessoas a alcançarem seus objetivos.

Vivemos em uma era digital, na qual o acesso à informação está disponível a qualquer momento e em qualquer lugar.

A tecnologia nos permite criar e entregar conteúdo de maneira eficiente e escalável. Com apenas alguns cliques, você pode criar um curso online, escrever um e-book ou gravar um webinar e disponibilizá-lo para milhares de pessoas ao redor do mundo.

A venda de infoprodutos não se limita a um nicho específico. Existem oportunidades em praticamente todas as áreas do conhecimento, desde negócios e finanças até saúde, bem-estar, arte, desenvolvimento pessoal e muito mais. Se você tem habilidades, experiência ou paixão por um determinado assunto, há um público ávido por aprender com você.

Outra vantagem desse mercado é a possibilidade de construir uma renda recorrente e escalável.

Uma vez que você tenha criado seus infoprodutos, eles podem ser vendidos várias vezes, sem a necessidade de estoque ou produção física. Isso significa que o potencial de ganhos é ilimitado, e você pode construir uma fonte de renda passiva, na qual seu trabalho inicial continua gerando lucro ao longo do tempo.

É importante ressaltar que entrar no mercado de infoprodutos requer dedicação, comprometimento e um olhar estratégico. É necessário entender seu público-alvo, identificar suas necessidades e criar produtos de alta qualidade que agreguem valor real. Além disso, é fundamental investir em estratégias de marketing digital eficientes para promover seus infoprodutos e alcançar seu público.

Portanto, se você está em busca de uma oportunidade de negócio com potencial ilimitado, a venda de infoprodutos é a escolha certa.

Com baixo custo inicial, demanda crescente e a possibilidade de ajudar pessoas a alcançarem seus objetivos, você pode embarcar em uma jornada empreendedora promissora. Não há limites para o conhecimento que você pode compartilhar e os resultados que pode alcançar nesse mercado em constante expansão.

Desvendando os Segredos dos Big Nichos e Subnichos

O nicho é quem define o público-alvo do seu negócio, permitindo que você compreenda suas necessidades, desejos e problemas específicos.

Ao se aprofundar no conceito de nicho, você descobrirá a existência dos "big nichos" e dos "subnichos", estratégias que podem direcionar seu sucesso e maximizar seus resultados.

O que é um nicho? Um nicho é um segmento específico de mercado que possui características distintas e necessidades particulares.

É um grupo específico de pessoas que compartilham interesses, características demográficas, comportamentais ou problemas comuns.

Por exemplo, em vez de segmentar seu negócio para "mulheres", você pode definir um nicho mais específico, como "mulheres acima de 40 anos interessadas em fitness e bem-estar". Quanto mais específico for o nicho, melhor você será capaz de entender e atender às necessidades do seu público-alvo.

A definição de um nicho é crucial, pois permite que você se torne um especialista em um determinado segmento de mercado. Ao concentrar seus esforços em um nicho específico, você pode aprofundar seu conhecimento sobre as necessidades, desejos e dores desse público. Isso o coloca em uma posição única para oferecer soluções relevantes e personalizadas, que atendam especificamente às demandas do seu público-alvo.

Ao explorar o conceito de nicho, você encontrará duas estratégias amplamente utilizadas: os big nichos e os subnichos.

Os big nichos são segmentos de mercado amplos, que abrangem uma ampla gama de pessoas. Eles são caracterizados por terem um público-alvo mais amplo e geral.

Por exemplo, o nicho "saúde e bem-estar" é um big nicho, pois engloba uma ampla variedade de pessoas interessadas em diferentes aspectos da saúde, como alimentação saudável, exercícios físicos, controle de estresse, entre outros.

Muito embora os big nichos ofereçam um grande mercado em potencial, também são altamente competitivos. É necessário criar uma estratégia eficiente de diferenciação para se destacar entre os concorrentes e atrair a atenção do público.

É aí que entram os subnichos. Os subnichos são segmentos mais específicos dentro de um big nicho. Eles se concentram em grupos menores de pessoas que compartilham interesses, necessidades ou problemas mais particulares.

Por exemplo, dentro do big nicho "saúde e bem-estar", podemos ter subnichos como "alimentação vegetariana para gestantes" ou "treinamento de força para pessoas acima de 50 anos".

Ao se especializar em um subnicho, você se torna um especialista em um campo específico e pode fornecer soluções altamente relevantes para esse público específico. Embora o mercado seja menor em comparação aos big nichos, há menos concorrência e maior probabilidade de estabelecer uma conexão mais profunda com seu público.

A definição do nicho adequado para o seu negócio depende de vários fatores, como suas habilidades, experiência, paixões e a demanda do mercado. Aqui estão algumas etapas que você pode seguir para definir o nicho certo para você:

Autoavaliação: Comece identificando suas habilidades, conhecimentos e experiências. Pergunte a si mesmo quais são suas paixões e áreas de interesse. Considere suas experiências profissionais anteriores, hobbies ou qualquer outra expertise que você possua.

Pesquisa de mercado: Realize uma pesquisa de mercado para identificar as tendências, demandas e necessidades do seu público-alvo. Utilize ferramentas como pesquisas, análise de palavras-chave e plataformas de mídia social para entender melhor as preferências e problemas do seu público.

Identificação de nichos potenciais: Com base na sua autoavaliação e pesquisa de mercado, liste alguns nichos potenciais que combinem suas habilidades e interesses com as necessidades e demandas do público.

Avaliação da concorrência: Analise a concorrência em cada nicho potencial que você identificou. Veja quem são os principais players, como eles estão atendendo às necessidades do público e identifique oportunidades de diferenciação.

Escolha do nicho: Com base em sua autoavaliação, pesquisa de mercado e avaliação da concorrência, escolha o nicho que mais se alinha com suas habilidades, interesses e potencial de mercado. Certifique-se de que haja demanda e oportunidade suficientes para crescer no nicho escolhido.

Uma vez que você tenha definido seu nicho, é hora de se aprofundar no conhecimento do seu público-alvo. Compreender as necessidades, desejos, dores e aspirações do seu público permitirá que você crie e entregue produtos e conteúdos altamente relevantes. Realize pesquisas, converse com seu público, participe de comunidades relacionadas ao seu nicho e esteja sempre atento às mudanças e evoluções dentro do segmento.

Em resumo, definir o nicho de atuação é o caminho para o sucesso no mercado de infoprodutos. Compreender os big nichos e os subnichos permitirá que você identifique oportunidades de mercado, se posicione como um especialista e ofereça soluções altamente relevantes ao seu público-alvo. Lembre-se de que cada nicho possui suas próprias particularidades e desafios, portanto, esteja disposto a aprender, ajustar sua estratégia conforme necessário e sempre buscar aprimorar seu conhecimento e conexão com seu público. Ao fazer isso, você estará no caminho certo para construir um negócio de sucesso no mercado de infoprodutos.

Método ESTRUTURALT: Criando seu Infoproduto do Zero

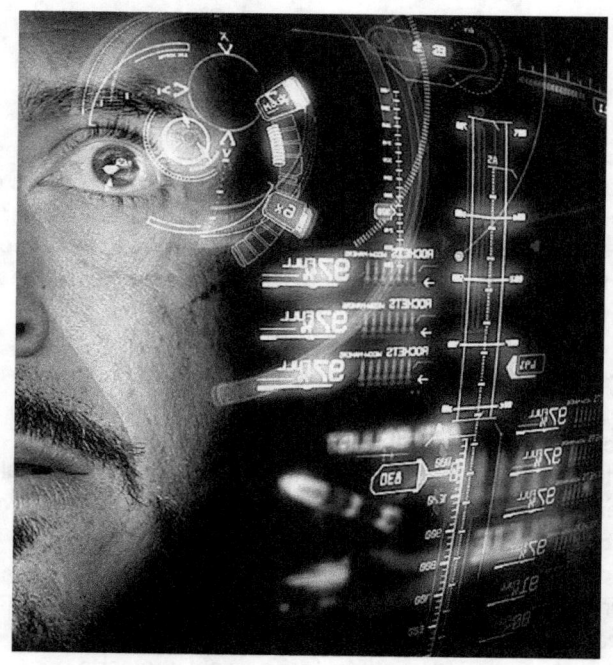

Imagine ter em suas mãos um método testado e comprovado, que lhe permitirá criar infoprodutos de alta qualidade, com um passo a passo claro e envolvente.

Com o Método ESTRUTURALT, você terá acesso às estratégias mais eficientes para desenvolver um conteúdo poderoso, que impacte seu público e gere desejo de consumo.

E - Escolha do Tema: Comece selecionando um tema relevante e que esteja alinhado com seu conhecimento e expertise. Considere as necessidades e interesses do seu público-alvo ao decidir sobre o assunto do seu infoproduto.

S - Segmentação do Público: Identifique seu público-alvo de forma clara e específica. Entenda suas características demográficas, interesses, desejos e problemas. Isso ajudará a adaptar seu infoproduto para atender às necessidades específicas desse grupo.

T - Tipo de Infoproduto: Determine o formato do seu infoproduto. Pode ser um e-book, curso online, podcast, webinar, vídeo ou qualquer outro formato que seja mais adequado para transmitir o conhecimento que você deseja compartilhar.

R - Roteiro: Crie um roteiro detalhado para seu infoproduto. Divida-o em módulos, capítulos ou etapas, garantindo uma progressão lógica e clara do conteúdo. Isso ajudará a organizar suas ideias e facilitar o processo de criação.

U - Utilize Exemplos e Estudos de Caso: Para tornar seu infoproduto mais envolvente e prático, inclua exemplos reais e estudos de caso que ilustrem seus conceitos e mostrem sua aplicação na vida real. Isso ajudará seu público a compreender e aplicar o conhecimento de forma mais efetiva.

T - Transmissão de Conteúdo: Escolha a melhor forma de transmitir seu conhecimento. Utilize linguagem clara, didática e adaptada ao seu público. Utilize recursos visuais, como imagens, gráficos ou slides, para melhorar a compreensão e a assimilação do conteúdo.

U - Usabilidade e Acessibilidade: Garanta que seu infoproduto seja fácil de usar e acessível ao seu público. Verifique se a estrutura e a formatação estão adequadas, se os recursos tecnológicos estão funcionando corretamente e se é possível acessar o conteúdo em diferentes dispositivos.

R - Revisão e Edição: Faça uma revisão completa do seu infoproduto, verificando erros gramaticais, de coesão, clareza e consistência. Considere a contratação de um profissional para fazer a edição final, garantindo a qualidade do produto final.

A - Atração Visual: Valorize a aparência visual do seu infoproduto. Utilize elementos de design atraentes, cores apropriadas e uma identidade visual consistente. Isso ajudará a transmitir profissionalismo e atrair a atenção do seu público.

L - Lançamento e Divulgação: Planeje uma estratégia de lançamento e divulgação eficiente. Utilize canais de marketing digital, como redes sociais, e-mail marketing, parcerias estratégicas, anúncios pagos, entre outros, para alcançar seu público-alvo e promover seu infoproduto.

T - Teste e Feedback: Após o lançamento, busque feedback dos seus clientes e faça ajustes se necessário. Avalie o desempenho do seu infoproduto, verifique se as expectativas do público estão sendo atendidas e busque sempre aprimorar a experiência do usuário.

Através do método ESTRUTURALT, você terá um guia prático e eficiente para criar seu infoproduto do zero.

Siga cada etapa com cuidado, adaptando-as às suas necessidades e ao seu público-alvo. Lembre-se de que a qualidade do conteúdo e a entrega de valor são o que vai ditar o sucesso do negócio.

A inteligência artificial pode te ajudar em 70%

A inteligência artificial (Chat GPT) pode gerar conteúdo rapidamente e de forma automática, mas a verdadeira essência, o brilho e a autenticidade muitas vezes vêm da mente criativa e do conhecimento humano.

A revisão humana é crucial para garantir que o conteúdo esteja correto, claro, envolvente e alinhado com os objetivos e expectativas do público-alvo.

A inteligência artificial pode ajudar a acelerar o processo de criação de infoprodutos, fornecendo insights, sugestões e até mesmo gerando partes do conteúdo.

No entanto, é o olhar atento e crítico de uma pessoa que pode identificar erros, aprimorar o texto, adicionar exemplos relevantes, tornar o conteúdo mais personalizado e agregar aquele toque humano que faz toda a diferença.

Além disso, a revisão humana também é essencial para garantir a ética e a responsabilidade no conteúdo gerado.

A inteligência artificial pode aprender com grandes volumes de dados, mas é a pessoa que deve tomar decisões e garantir que o conteúdo seja preciso, imparcial e alinhado com os valores e normas adequados.

Portanto, embora a inteligência artificial seja uma ferramenta poderosa e útil na criação de infoprodutos, a presença humana é indispensável para garantir a qualidade, autenticidade e relevância do conteúdo.

A colaboração entre humanos e tecnologia é o caminho para criar infoprodutos excepcionais, que realmente agregam valor e atendem às necessidades do público.

Nada se Cria, Tudo se Copia: A Arte de Modelar e Melhorar Produtos Existentes

Você já ouviu a expressão "nada se cria, tudo se copia"?

Embora possa parecer contraditória à primeira vista, essa frase encerra uma verdade poderosa no mundo dos negócios e da criação de produtos.

A ideia principal por trás desse conceito é que, ao invés de reinventar a roda, podemos nos inspirar em produtos já existentes e melhorá-los, trazendo inovações e adicionando valor.

Quando falamos em copiar, não estamos nos referindo a uma cópia exata ou plágio.

O que queremos dizer é que podemos olhar para produtos de sucesso e modelá-los, adaptando-os às nossas próprias ideias e necessidades.

O segredo está em desenvolver a capacidade de se questionar:

"Como posso melhorar esse produto que já existe?".

Ao observar e estudar produtos que já estão no mercado, você pode identificar pontos fortes e áreas que podem ser aprimoradas.

Analise aspectos como design, funcionalidades, experiência do usuário, atendimento ao cliente e estratégias de marketing.

Pergunte-se: *"Como posso tornar essa ideia ainda mais relevante, inovadora e valiosa para o meu público-alvo?"*.

Essa abordagem permite que você crie produtos com muito mais assertividade, uma vez que já há uma base estabelecida para orientar seu desenvolvimento. Ao modelar e melhorar um produto existente, você se beneficia do trabalho já realizado e aproveita os aprendizados e insights que surgiram ao longo do tempo.

Lembre-se de que o objetivo não é simplesmente copiar, mas sim agregar valor e diferenciação ao produto. É fundamental trazer sua própria perspectiva, criatividade e conhecimento para aprimorar o que já existe. Ao fazer isso, você estará colocando sua marca e seu toque pessoal no produto, tornando-o único e atraente para o seu público-alvo.

Ao modelar produtos existentes, certifique-se de não violar leis ou infringir direitos de terceiros. Utilize o produto como inspiração e base para aprimorar suas próprias criações, sempre respeitando as normas legais e éticas.

A arte de modelar e melhorar produtos existentes é uma estratégia inteligente e eficaz para empreendedores e criadores de infoprodutos. Ao estudar o que já está disponível no mercado e buscar maneiras de aprimorar esses produtos, você terá uma base sólida para criar algo novo, inovador e alinhado com as necessidades e desejos do seu público.

Então, da próxima vez que você se sentir sobrecarregado pela pressão de criar algo totalmente novo, lembre-se: nada se cria, tudo se copia. Olhe ao seu redor, estude, modele e melhore produtos existentes. Traga sua visão única, sua expertise e sua

paixão para criar algo que supere as expectativas do seu
público!

Como Criar um Ebook Digital
com Inteligência Artificial em 15 Módulos

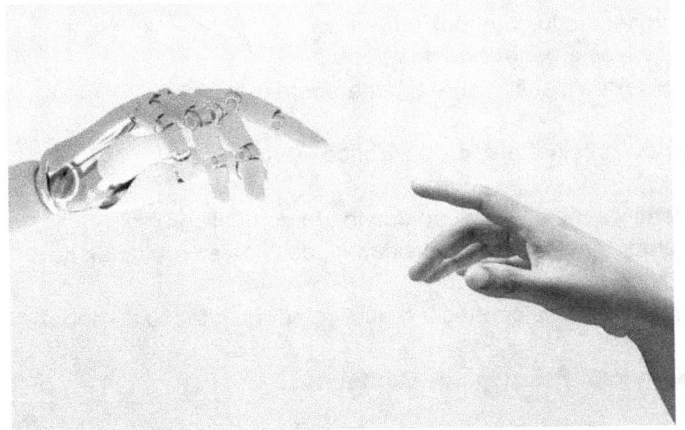

Segue esse passo a passo e veja a mágica acontecer.

Módulo 1: Introdução

Apresentação do ebook e do autor
Objetivos e benefícios do ebook
Contextualização sobre o tema abordado

Módulo 2: Definição do Público-Alvo

Identificação e descrição detalhada do público-alvo
Compreensão das necessidades, desejos e problemas do
público-alvo
Importância de conhecer o público para a criação do ebook

Módulo 3: Pesquisa de Conteúdo

Realização de pesquisas e coleta de informações relevantes
sobre o tema do ebook
Identificação de fontes confiáveis e referências para embasar o
conteúdo
Organização e estruturação das informações obtidas

Módulo 4: Definição da Estrutura do Ebook

Escolha de uma estrutura adequada para o ebook
Definição dos capítulos, seções e subseções do ebook
Organização lógica e sequencial do conteúdo
Módulo 5: Criação do Título e Subtítulos

Desenvolvimento de um título atrativo e impactante para o ebook
Criação de subtítulos que resumam o conteúdo de cada seção
Utilização de técnicas de copywriting para despertar o interesse do leitor

Módulo 6: Desenvolvimento do Conteúdo

Escrita do conteúdo de cada capítulo, seção e subseção
Utilização de linguagem clara, concisa e adequada ao público-alvo
Inclusão de exemplos, estudos de caso e dicas práticas para enriquecer o conteúdo

Módulo 7: Revisão e Edição

Revisão do conteúdo escrito, correção de erros gramaticais e ortográficos
Verificação da consistência e fluidez do texto
Edição do conteúdo para torná-lo mais envolvente e cativante

Módulo 8: Design e Layout

Criação de um design atraente e profissional para o ebook
Utilização de elementos visuais, como imagens, gráficos e ícones, para enriquecer o conteúdo
Garantia de uma diagramação adequada, com espaçamento, fontes e cores harmoniosas

Módulo 9: Criação da Capa

Desenvolvimento de uma capa atrativa e que transmita a essência do ebook
Utilização de imagens, cores e elementos visuais que se relacionem com o conteúdo
Inclusão do título e subtítulo de forma clara e legível

Módulo 10: Formatação para Ebook Digital

Conversão do ebook para um formato digital, como PDF, EPUB ou MOBI
Verificação da compatibilidade com diferentes dispositivos e plataformas
Garantia de uma formatação adequada para leitura em telas digitais

Módulo 11: Adição de Elementos Interativos

Inclusão de hiperlinks para facilitar a navegação no ebook
Incorporação de vídeos, áudios ou animações relevantes ao conteúdo
Adição de recursos interativos que enriqueçam a experiência do leitor

Módulo 12: Revisão Final

Revisão completa do ebook, verificando todos os elementos, formatação e interatividade
Correção de eventuais erros ou problemas identificados
Garantia de uma qualidade final impecável

Módulo 13: Geração de Metadados

Inclusão de metadados relevantes, como título, autor, palavras-chave e descrição
Otimização para mecanismos de busca e facilitação da descoberta do ebook

Módulo 14: Publicação e Distribuição

Escolha das plataformas de distribuição adequadas para o ebook
Upload do ebook nas plataformas selecionadas
Definição de estratégias de divulgação e promoção do ebook

Módulo 15: Acompanhamento e Melhoria Contínua

Monitoramento do desempenho do ebook, como número de downloads e feedback dos leitores
Análise dos resultados e identificação de oportunidades de melhoria
Atualização periódica do ebook com novas informações e aprimoramentos

Ao seguir esse passo a passo, utilizando a inteligência artificial como uma ferramenta auxiliar, você será capaz de criar um ebook digital de qualidade, desde a pesquisa inicial até a publicação e distribuição. Lembre-se de adaptar cada etapa às suas necessidades e objetivos, buscando sempre oferecer um conteúdo valioso e impactante para o seu público-alvo.

MVP - A técnica que vai validar seus infoprodutos

O Conceito de MVP (Minimum Viable Product) para Infoprodutos

O MVP, ou Produto Mínimo Viável, é um conceito fundamental quando se trata de criar e validar um infoproduto. É uma abordagem que permite desenvolver uma versão inicial do seu produto, contendo apenas os elementos essenciais, para atender às necessidades básicas do seu público-alvo. O objetivo principal do MVP é testar e validar a ideia do infoproduto com um investimento mínimo de tempo e recursos.

Ao criar um infoproduto, muitos empreendedores cometem o erro de investir uma quantidade significativa de tempo, energia e recursos em um produto completo e finalizado, sem ter a certeza de que o mercado irá recebê-lo de forma positiva. Essa abordagem pode ser arriscada e levar a desperdício de recursos valiosos.

É nesse contexto que o MVP se torna uma estratégia inteligente. Ao desenvolver uma versão simplificada do seu infoproduto, você consegue lançá-lo no mercado de forma mais ágil e econômica. A ideia é oferecer apenas os recursos e funcionalidades básicas necessários para resolver os problemas ou atender às necessidades do seu público-alvo.

O MVP é um processo iterativo, ou seja, você pode lançar uma versão inicial e, com base no feedback dos usuários, aprimorar e expandir gradualmente o infoproduto. Isso permite que você teste a aceitação do mercado, valide suas ideias e faça ajustes antes de investir tempo e recursos em recursos mais complexos.

Ao optar pelo MVP, você pode economizar tempo e dinheiro, evitando desenvolver recursos desnecessários ou que não são valorizados pelo seu público-alvo. Além disso, você obtém feedback valioso dos usuários desde o início, o que possibilita entender suas necessidades, expectativas e preferências.

Vale ressaltar que o MVP não significa que você esteja lançando um produto de baixa qualidade ou incompleto. Pelo contrário, o objetivo é entregar um produto funcional e útil, mas com o foco nas funcionalidades essenciais. Com o tempo, você poderá adicionar recursos adicionais e aprimorar a experiência do usuário com base no feedback recebido.

O conceito de MVP é especialmente relevante no contexto dos infoprodutos, uma vez que eles geralmente se baseiam em conhecimento e conteúdo. Ao criar um MVP para um infoproduto, você pode oferecer um conteúdo valioso e relevante, mesmo que esteja em uma forma mais simplificada inicialmente.

Em resumo, o MVP é uma abordagem estratégica para criar e validar infoprodutos de forma mais eficiente. Ao desenvolver uma versão inicial que contenha apenas o essencial para atender às necessidades do seu público-alvo, você pode testar e validar a ideia com um investimento mínimo de tempo e recursos. Isso permite que você economize tempo, evite desperdícios e obtenha feedback valioso para aprimorar o seu produto ao longo do tempo. Lembre-se de que o MVP é um processo contínuo e iterativo, permitindo que você cresça e evolua seu infoproduto com base nas necessidades e preferências do seu público-alvo.

Conclusão

Criar um infoproduto é considerado uma das melhores formas de gerar uma nova fonte de renda em um curto período de tempo, inclusive em 24 horas.

Essa afirmação se baseia em diversos fatores que tornam os infoprodutos uma opção viável e acessível para empreendedores em busca de resultados rápidos.

A seguir, explicarei detalhadamente os motivos pelos quais criar um infoproduto é uma excelente oportunidade para gerar renda em um prazo tão curto.

Baixo custo de produção:
Diferentemente de produtos físicos, que demandam investimentos em matéria-prima, produção, estoque e logística, os infoprodutos são criados com base no conhecimento e expertise do produtor.

Isso significa que o custo de produção é consideravelmente menor, uma vez que não é necessário investir em materiais físicos ou equipamentos específicos.

Com ferramentas e recursos digitais disponíveis atualmente, como softwares de edição, plataformas de criação e hospedagem de conteúdo, é possível criar um infoproduto com pouco investimento financeiro.

Flexibilidade de tempo:

Ao criar um infoproduto, você tem a liberdade de definir seu próprio horário de trabalho e gerenciar seu tempo conforme suas necessidades.

Isso permite que você se adapte à sua rotina atual e crie o infoproduto em um prazo de 24 horas, se assim desejar.

A flexibilidade de tempo é um benefício significativo para quem busca uma nova fonte de renda, pois permite conciliar o trabalho de criação do infoproduto com outras responsabilidades pessoais ou profissionais.

Escalabilidade e alcance global:
Uma das grandes vantagens dos infoprodutos é a capacidade de escalabilidade e alcance global.

Uma vez criado, o infoproduto pode ser replicado e vendido para um número ilimitado de pessoas, sem a necessidade de grandes esforços adicionais.

Além disso, com a internet e as plataformas digitais, é possível alcançar um público global, independentemente da sua localização geográfica. Essa amplitude de alcance permite que você amplie suas oportunidades de vendas e gere renda em um curto espaço de tempo.

Demanda por conhecimento e aprendizado:
A busca por conhecimento e aprendizado é uma constante na sociedade atual.

As pessoas estão sempre em busca de soluções, aprimoramento pessoal, habilidades profissionais e desenvolvimento em diversas áreas.

Os infoprodutos oferecem exatamente isso: conteúdo valioso, organizado e estruturado, capaz de atender às necessidades e demandas do público. Ao criar um infoproduto com base em seu conhecimento ou experiência em um determinado assunto, você está oferecendo algo que o mercado busca ativamente.

Diversidade de formatos:
Os infoprodutos não se limitam a um único formato. Você pode criar ebooks, cursos online, palestras gravadas, podcasts, webinars, entre outros.

Essa diversidade de formatos permite que você escolha aquele que melhor se adequa ao seu estilo de comunicação e ao conteúdo que deseja transmitir. Além disso, essa variedade de formatos também atende às preferências do público, oferecendo diferentes opções para consumir o conteúdo que você está disponibilizando.

Automação e ganhos passivos:
Uma vez criado e disponibilizado, o infoproduto pode ser automatizado, o que significa que você pode configurar um sistema para realizar a entrega do produto aos clientes de forma automatizada. Isso permite que você obtenha ganhos passivos, ou seja, receba vendas e gere renda mesmo quando não está ativamente envolvido no processo. A automação possibilita que você se concentre em outras atividades enquanto o infoproduto continua sendo vendido.

Em resumo, criar um infoproduto oferece uma série de vantagens que tornam possível gerar uma nova fonte de renda em um curto período de tempo, como 24 horas. Com baixo custo de produção, flexibilidade de tempo, escalabilidade, demanda por conhecimento, diversidade de formatos, automação e ganhos passivos, os infoprodutos são uma opção altamente acessível e rentável para empreendedores que desejam iniciar uma nova fonte de renda rapidamente.

Ao utilizar seu conhecimento e expertise para criar um infoproduto, você estará oferecendo valor ao mercado e abrindo portas para oportunidades de sucesso financeiro.

Quem é Matheus Martins Soares?

 Matheus é um Ex-Militar / Agente Presidencial, formado em Marketing desde 2018 e especialista em copywriting. Já escreveu para mais de 27 nichos diferentes, mostrando sua habilidade em se adaptar a diferentes temas e públicos. Ao longo de sua carreira, trabalhou em grandes empresas, como a maior revista de negócios do país e a maior assessoria de marketing do Brasil. Contribuiu para o sucesso de campanhas importantes, gerando + 30mm em vendas para seus clientes. Publicou mais de 100 livros na Amazon e obteve leitores em mais de 10 países diferentes. Especialista em StoryTelling e UX Writing, também atua nos bastidores como GhostWriter, dando voz às ideias e histórias de outras pessoas. Seu método é capaz de escrever um livro em menos de 24 horas.

Com uma visão estratégica e conhecimentos em marketing, ajuda empresas, autores e projetos literários a alcançarem o sucesso. Se encontrou no mundo do marketing, da escrita e do comportamento humano, sua habilidade em se adaptar a diferentes desafios é um diferencial que o destaca em sua área.